Declarando nuestra independencia

Kelly Rodgers

Asesoras

Shelley Scudder
Maestra de educación de
estudiantes dotados
Broward County Schools

Caryn Williams, M.S.Ed.
Madison County Schools
Huntsville, AL

Créditos de publicación

Conni Medina, M.A.Ed., *Gerente editorial*
Lee Aucoin, *Diseñadora de multimedia
principal*
Torrey Maloof, *Editora*
Marissa Rodriguez, *Diseñadora*
Stephanie Reid, *Editora de fotos*
Traducción de Santiago Ochoa
Rachelle Cracchiolo, M.S.Ed., *Editora
comercial*

Créditos de imágenes: Portada, págs. 1, 11,
18–19, 22 The Bridgeman Art Library; págs.
10–11, 13 Alamy; págs. 24–25 Emanuel
Gottlieb Leutze, 1851; págs. 8–9 , 27 Getty
Images; pág. 24 Public Domain, 1976; págs.
26, 28, 28–29, 32, iStockphoto; pág.12
The Library of Congress [LC-USZC4-2283];
pág.15 Newscom; págs. 4, 7, 14, 20–21
North Wind Picture Archives; págs. 2–3, 6–7,
9, 16, 17, 18, 20, The Granger Collection;
todas las demás imágenes pertenecen a
Shutterstock.

Teacher Created Materials
5301 Oceanus Drive
Huntington Beach, CA 92649-1030
http://www.tcmpub.com
ISBN 978-1-4938-0534-1
© 2016 Teacher Created Materials, Inc.
Printed in China

Índice

Los colonos trabajan en la colonia de Virginia.

Palabras fuertes

Los estadounidenses tenemos **derechos**. Tenemos libertad. Tenemos el poder de tomar decisiones. Esto se debe a que Estados Unidos es un país libre. Pero no siempre fue libre. Hace mucho tiempo, Estados Unidos estaba conformado por 13 **colonias**. A las personas que vivían en las colonias se les llamaba **colonos**. Eran gobernados por el rey Jorge de Gran Bretaña.

IN CONGRESS, JULY 4, 1776.

The unanimous Declaration of the thirteen united States of America,

Declaración de Independencia

Una *declaración* es una afirmación oral o escrita que puede ser oída o leída por todas las personas. La palabra *independencia* significa libertad. La Declaración de Independencia dijo al mundo que las colonias inglesas de Norteamérica querían ser libres de Gran Bretaña.

Los colonos sentían que el rey no los estaba tratando con justicia. Querían formar su propio país. En 1776, los líderes de las colonias enviaron un **documento** especial al rey. Decía que Estados Unidos quería ser libre. Este documento se llama la *Declaración de Independencia*.

¡Guerra!

Los colonos habían sido **leales** a Gran Bretaña por muchos años. Habían apoyado al rey. Pero las cosas empezaron a cambiar. El rey hizo nuevas leyes para los colonos. También les hizo pagar impuestos más altos. Esto significaba que los colonos tenían que dar más dinero al rey cuando compraban ciertos artículos.

Los colonos se enteran de los nuevos impuestos.

Los colonos sentían que estaban siendo tratados injustamente. No tenían los mismos derechos que las personas de Gran Bretaña. Explicaron al rey cómo se sentían, pero él no los escuchó.

Estos colonos marchan en contra de la ley del timbre.

Impuestos

Los colonos tenían que pagar impuestos por muchos bienes. La ley del timbre hizo que los colonos pagaran impuestos por cualquier cosa hecha con papel. También tenían que pagar impuestos por el té.

En 1775, los colonos estaban enojados. Estaban dispuestos a luchar por su libertad. La primera **batalla** tuvo lugar en Lexington. Los colonos ganaron. Luego, lucharon en Concord. ¡Los colonos volvieron a ganar! La Revolución estadounidense había comenzado. Los colonos estaban en guerra con Gran Bretaña.

Estos colonos están enojados con el rey por haber aumentado los impuestos.

Los colonos lucharon duro. Pero algunos colonos no sabían por qué estaban luchando. Algunos pensaban que lo hacían para que el rey les diera derechos. Otros pensaban que lo hacían para liberarse de Gran Bretaña. Los colonos acudieron a sus líderes en busca de ayuda.

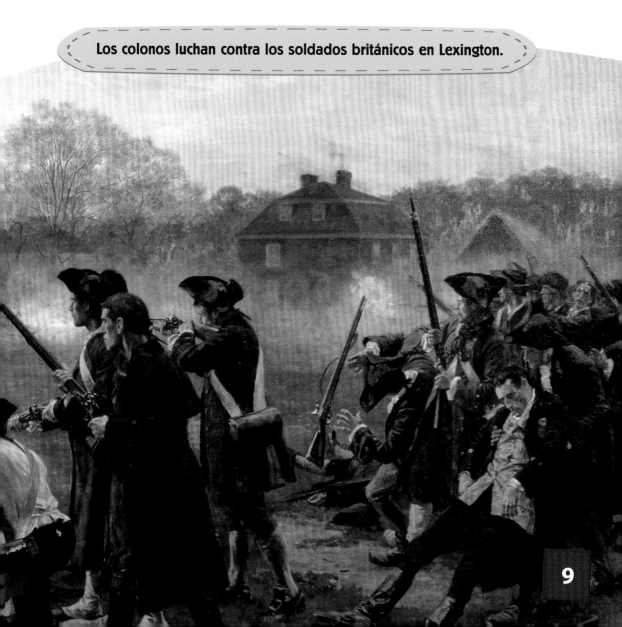

Los colonos luchan contra los soldados británicos en Lexington.

El documento

Los líderes se reunieron en Filadelfia. Después de muchas reuniones, decidieron que las colonias debían declarar su independencia. Tenían que ser libres de Gran Bretaña. Y necesitaban que el mundo conociera su plan.

Este es el Salón de la Independencia en Filadelfia. Los líderes se reunieron aquí.

Un grupo de cinco hombres fue elegido para redactar la Declaración de Independencia. Los hombres sabían que el documento debía incluir tres cosas. Tenía que explicar en qué consistía un buen **gobierno**. Tenía que explicar qué había hecho mal el rey. Y tenía que decir a todo el mundo que las colonias eran libres.

Los cinco hombres

Los cinco hombres elegidos para redactar la Declaración de Independencia fueron John Adams, Benjamin Franklin, Robert Livingston, Roger Sherman y Thomas Jefferson. Cada uno era de una colonia diferente.

Los cinco hombres hablan sobre la Declaración de Independencia.

El grupo de hombres decidió que Thomas Jefferson escribiría el documento. Había escrito muchos documentos importantes. Era un buen escritor. Los otros hombres revisarían el documento cuando Thomas lo terminara.

Thomas Jefferson

Thomas fue una buena elección. Era un hombre inteligente. Leía muchos libros. Sabía mucho de historia y de **política**. Thomas trabajó duro para escribir el documento. Quería que sus palabras fueran fuertes. Quería que todos estuvieran de acuerdo con él.

Thomas trabaja en la Declaración de Independencia.

En primer lugar, Thomas escribió acerca de la igualdad de derechos. En el documento, dijo que todas las personas tienen derechos. Estos derechos no se pueden quitar. El gobierno debe trabajar para proteger estos derechos. Todas las personas deben ser tratadas por igual. Todo el mundo debe ser libre.

Para todas las personas

Thomas escribió en el documento que "todos los hombres son creados iguales". Pero no mencionó a las mujeres. Hace mucho tiempo, la mayoría de la gente no pensaba en los derechos de las mujeres. Hoy en día, sabemos que la Declaración de Independencia se refiere a todas las personas.

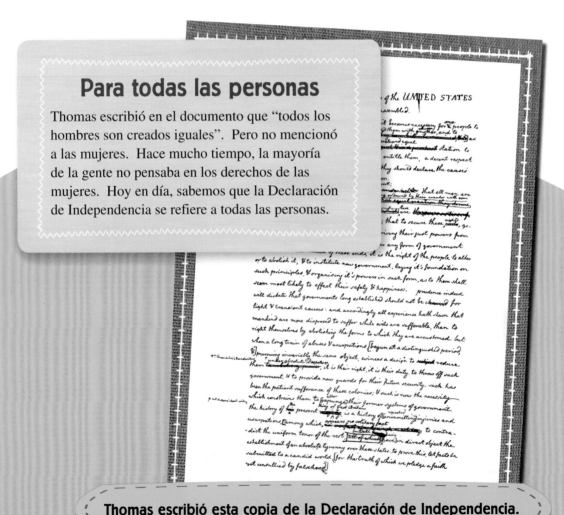

Thomas escribió esta copia de la Declaración de Independencia.

Luego, Thomas escribió sobre el rey de Gran Bretaña. Hizo una lista de todas las cosas que el rey había hecho mal. Dijo que el rey les había quitado los derechos a las personas. Dijo que el rey no los dejaba tomar sus propias decisiones. Thomas dijo que el rey Jorge era un mal rey.

El rey Jorge

Thomas lee su documento a Benjamin Franklin.

Por último, Thomas escribió sobre la independencia. Le dijo al rey que las colonias eran libres. Los colonos ya no eran **ciudadanos** de Gran Bretaña. No eran leales al rey.

Esta es la última página del documento que escribió Thomas.

Thomas dijo al rey que las colonias estaban formando su propio país, llamado los Estados Unidos de América. Tendrían su propio gobierno. Harían sus propias leyes. Eran palabras audaces. En esa época, los gobernantes, y no los ciudadanos, dirigían los países.

Thomas mostró su trabajo a sus cuatro compañeros. Todos estaban contentos con el documento. Pensaban que Thomas había hecho un buen trabajo.

Benjamin y John leen el documento de Thomas.

El 28 de junio de 1776, los cinco hombres compartieron el documento con los otros líderes. Los líderes leyeron el documento con atención. Se tomaron su tiempo para pensar en las palabras de Thomas. Les gustó lo que había escrito. Pero todavía estaban inseguros sobre declarar su independencia.

Los cinco hombres muestran el documento a los otros líderes.

El 4 de julio de 1776

Las colonias votaron el 2 de julio. ¡Votaron por el sí! Era hora de que las colonias dijeran al mundo que seguirían luchando por su libertad. Ya era hora de que los Estados Unidos declararan su independencia.

Un último voto

Nueva York fue la única colonia que no estuvo lista para votar el 2 de julio. Votó por el "sí" una semana después.

Los líderes votan por la independencia.

La Declaración de Independencia fue aprobada el 4 de julio de 1776. Luego, el documento fue llevado a una imprenta. Hicieron muchas copias. Y fueron leídas en voz alta a los colonos. Pronto, todo el mundo supo de la Declaración de Independencia.

La Declaración de Independencia es leída a los colonos.

Hora de firmar

Los líderes de todas las colonias firmaron la Declaración de Independencia en agosto. En total, 56 hombres firmaron el documento. John Hancock fue el primero en hacerlo. Firmó su nombre con letras grandes. Dijo en broma que quería que el rey leyera su nombre sin tener que usar lentes.

Los líderes estadounidenses firman la Declaración de Independencia.

Estos líderes fueron valientes al firmar el documento. Sabían que si Estados Unidos perdía la guerra con Gran Bretaña, el rey no los perdonaría.

Viejos y jóvenes

Benjamin Franklin fue el líder más viejo en firmar el documento. Tenía 70 años. El líder más joven en hacerlo fue Edward Rutledge. Tenía 26 años.

El general George Washington

Los colonos sabían que tendrían que ganar la guerra contra el ejército del rey para ser libres. Sabían que serían castigados si perdían. Fue una gran ventaja que los colonos tuvieran un **general** valiente e inteligente liderando su ejército. Ese general era George Washington.

George Washington

24

George era un líder de Virginia. Ya había peleado en una guerra. Era honesto y tomaba buenas decisiones. Ayudó al ejército a ganar muchas batallas. En 1781, tendió una trampa al ejército de Gran Bretaña en Yorktown. La trampa funcionó. Dos años más tarde, las colonias ganaron la guerra. ¡Estados Unidos era libre!

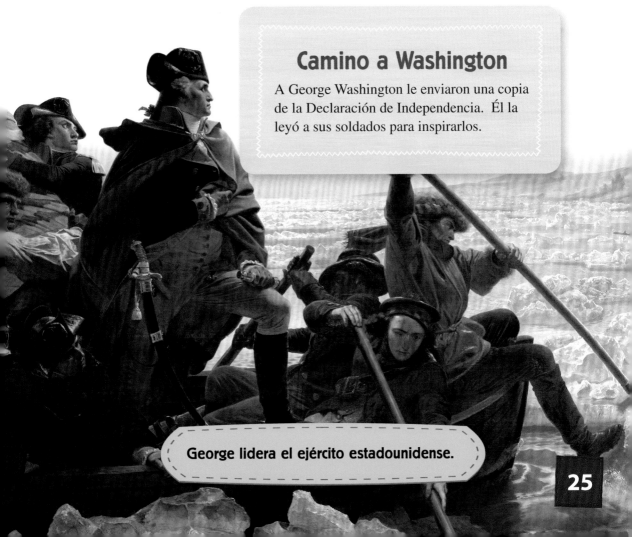

Camino a Washington

A George Washington le enviaron una copia de la Declaración de Independencia. Él la leyó a sus soldados para inspirarlos.

George lidera el ejército estadounidense.

La Declaración hoy

La Declaración de Independencia ayudó a que los Estados Unidos fueran libres. Ayudó a iniciar un nuevo país. Dio a los colonos una razón para luchar. Ellos lucharon mucho por su libertad.

¡Feliz Cuatro de Julio!

Cada año celebramos el Cuatro de Julio. Es el cumpleaños de la nación. También se conoce como el Día de la Independencia. Es el día en que Estados Unidos nació.

Estos niños celebran el Día de la Independencia.

La gente aún se conmueve con las palabras de la Declaración de Independencia. Esta les recuerda que Estados Unidos representa la libertad. Les dice que todo el mundo tiene que ser tratado con justicia. Dice que la gente debe tener igualdad de derechos. Es un documento importante en la historia de Estados Unidos.

Estas personas miran la Declaración de Independencia.

¡Cántala!

Aprende la canción "Esta es tu tierra". Habla de los Estados Unidos. Cántala con tus amigos. Cántasela a tu familia.

Estos niños cantan la canción "Esta es tu tierra".

Esta es tu tierra

Esta es tu tierra, esta es mi tierra,

de California a Nueva York,

de las secuoyas a los arroyos.

Es para ti y para mí.

—Woody Guthrie

Glosario

batalla: una pelea entre personas o grupos en la que cada lado intenta ganar

ciudadanos: miembros de un país o lugar

colonias: zonas gobernadas por un país ajeno

colonos: personas que viven en una zona gobernada por otro país

derechos: cosas que se les permite tener y hacer a las personas

documento: un escrito oficial que ofrece información sobre algo

general: un militar de rango muy alto

gobierno: un grupo de líderes que toman decisiones para un país

leales: que apoyan de lleno a algo o a alguien

política: que tiene que ver con el gobierno

Índice analítico

¡Tu turno!

Celebra

Los niños de esta foto celebran el Cuatro de Julio. Se llama también Día de la Independencia. Escribe una lista de las cosas que haces para celebrar el Cuatro de Julio.